24
새처럼 날고 싶었던 이카로스

주니어 RHK

신화의 가치

신화는 한 민족의 기원이나 역사적·종교적·문화적 삶의 모습을 보여 주는 옛이야기입니다. 주로 신과 영웅에 관한 이야기가 많고, 오랫동안 입에서 입으로 전해 내려왔다는 특징이 있지요.

우리가 살펴볼 그리스 로마 신화는 고대 그리스와 로마에 전해 오는 신화와 전설을 한데 묶은 것입니다. 그리스 로마 신화는 고대의 삶을 엿보게 해 주는 문화유산일 뿐만 아니라, 세계 여러 나라의 문학과 미술에 큰 영향을 끼쳤습니다. 하지만 문화적 가치만큼이나 중요한 것이 또 있습니다. 오래된 옛이야기이면서도 거기에 담긴 교훈적 가치가 오늘날에도 여전히 쓸모 있고 중요하다는 사실입니다.

놀랍지 않나요? 수천 년 전의 이야기가 어떻게 과학 문명이 고도로 발달한 오늘날에도 통하는 것일까요? 그것은 바로 그리스 로마 신화에 나오는 신과 영웅의 모습이 오늘날 우리의 모습과 다르지 않기 때문입니다. 신들도 우리처럼 분노하고, 질투하고, 실수를 하지요. 그런 모습을 보면서 우리는 깔깔 웃거나 눈물을 흘리고, 교훈과 감동을 얻습니다. 우리가 그리스 로마 신화를 읽어야 하는 까닭이 바로 이것입니다.

신화의 세계로 떠날 여러분에게 한마디 덧붙이자면, 신화는 우리에게 끝없는 상상력을 요구한다는 점입니다. 신화 속에는 수많은 은유와 상징이 곳곳에 널려 있지요. 따라서 신화를 읽을 때에는 상상력을 최대한 발휘하여 신화 속에 숨겨진 의미를 찾고, 그것을 자기 나름대로 재해석하는 과정이 필요합니다. 이렇게 읽었을 때에야 비로소 여러분 앞에 놀라운 삶의 이야기가 펼쳐질 것입니다.

자, 그럼 흥미진진한 신화의 세계 속으로 함께 떠나 볼까요?

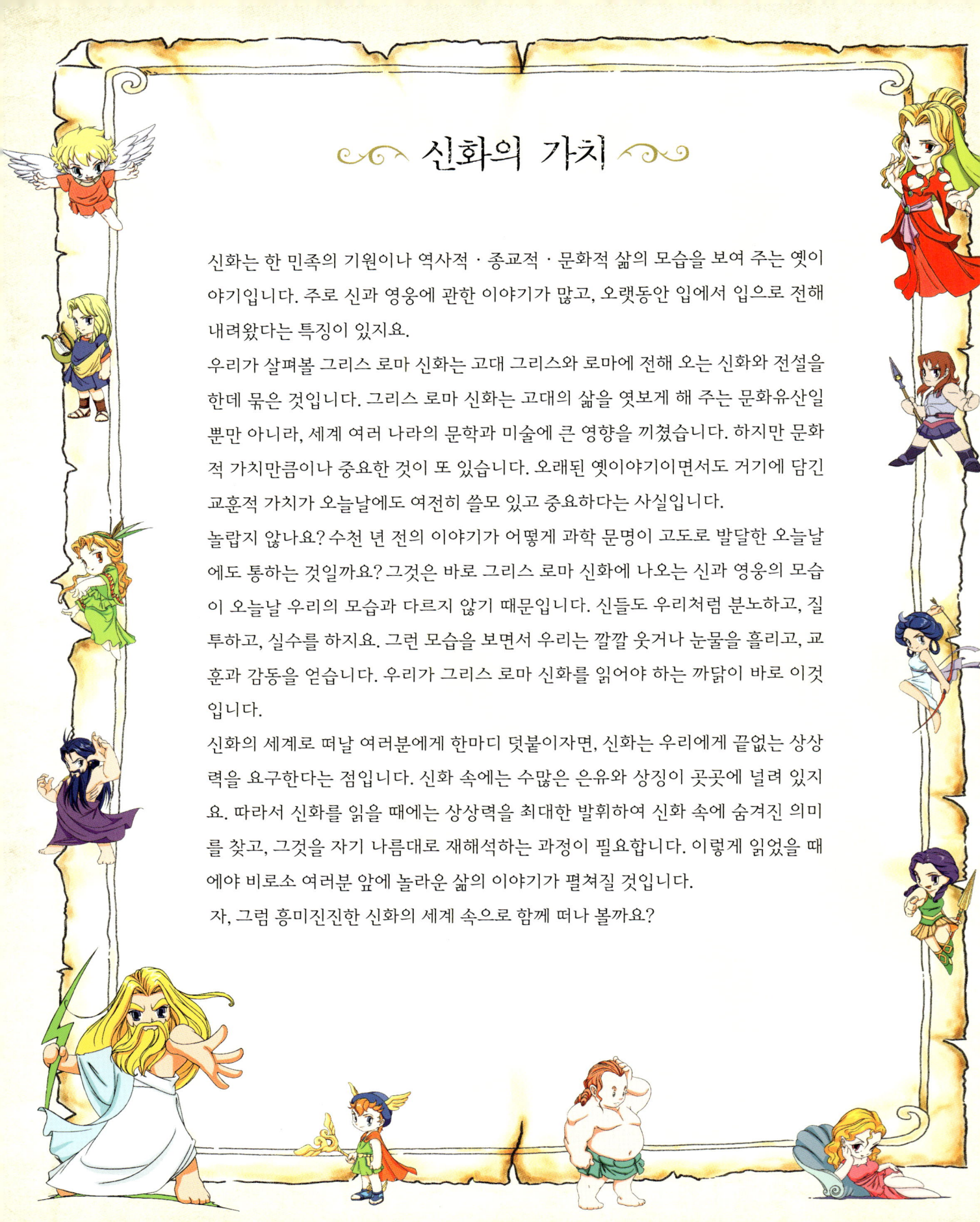

사람들은 새를 보며 자유롭게 하늘을 나는 꿈을 꾸지요.
그 꿈을 이룬 신화 속 사람은 바로 다이달로스와 이카로스예요.
이카로스는 하늘 높이 날아올라 신들의 세계에 닿고 싶었어요.
하지만 신들은 이카로스가 꿈을 이루도록 그냥 두었을까요?
훨훨 하늘을 나는 이카로스의 도전과 모험 이야기에 귀 기울여 보세요.

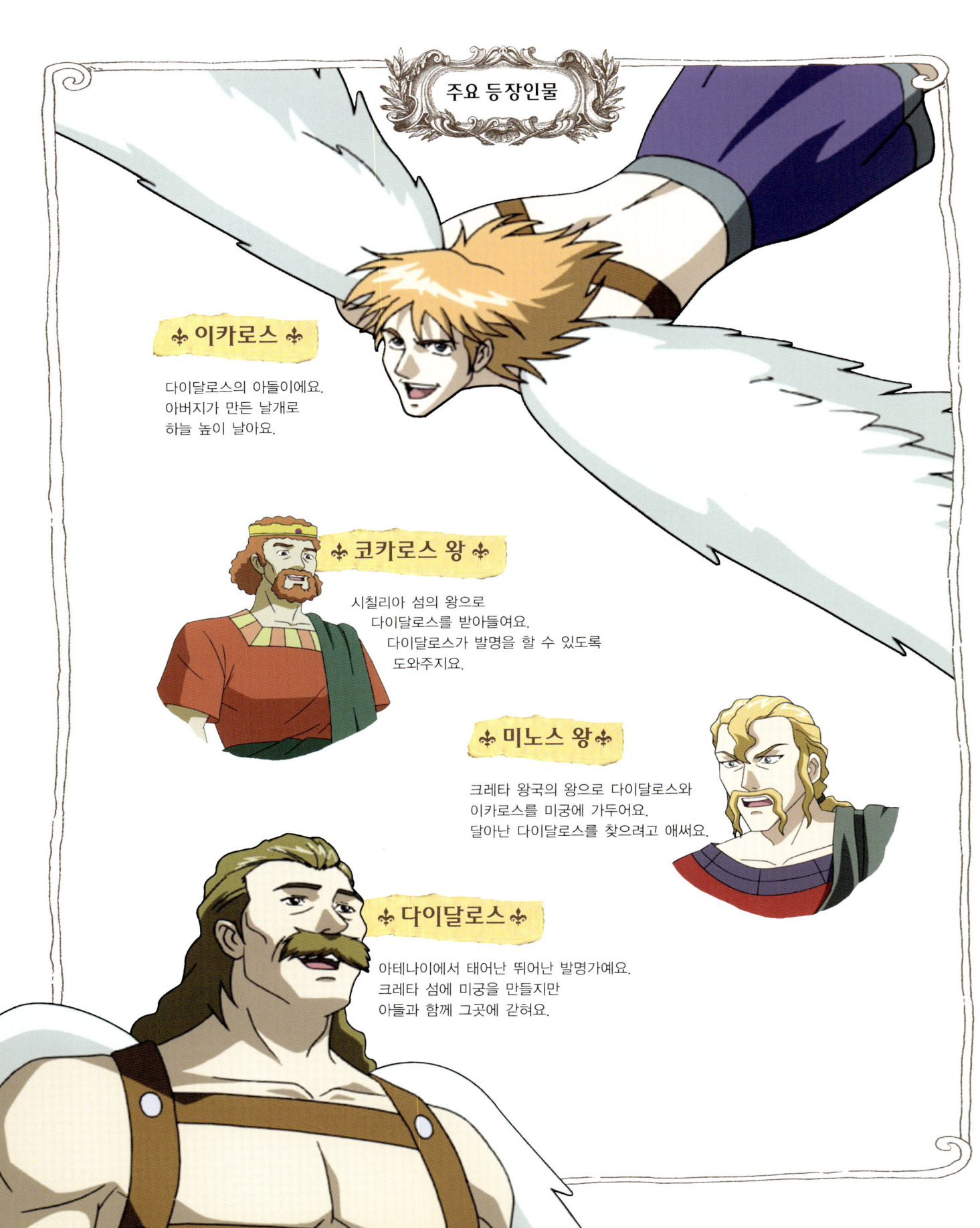

주요 등장인물

✤ 이카로스 ✤
다이달로스의 아들이에요.
아버지가 만든 날개로
하늘 높이 날아요.

✤ 코카로스 왕 ✤
시칠리아 섬의 왕으로
다이달로스를 받아들여요.
다이달로스가 발명을 할 수 있도록
도와주지요.

✤ 미노스 왕 ✤
크레타 왕국의 왕으로 다이달로스와
이카로스를 미궁에 가두어요.
달아난 다이달로스를 찾으려고 애써요.

✤ 다이달로스 ✤
아테나이에서 태어난 뛰어난 발명가예요.
크레타 섬에 미궁을 만들지만
아들과 함께 그곳에 갇혀요.

1
자신이 만든 미궁에 갇히다

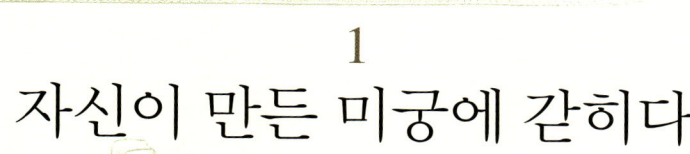

"저 새들은 참 좋겠어요.
미궁을 자유롭게 들락날락거리잖아요.
저 새처럼 날 수만 있다면 얼마나 좋을까요?"

미노스 왕은 테세우스가 무사히 미궁을 빠져나갔다는 소식을 듣고 머리끝까지 화가 났습니다.

"테세우스가 어떻게 그 복잡한 미궁을 빠져나갈 수 있었단 말이냐?"

미노스 왕은 자신의 뜻을 거스르고 테세우스를 도운 사람이 누구인지 당장 잡아들이라고 했습니다.

"전하, 사실은 아리아드네 공주님이 미궁을 빠져나가는 방법을 알려 주고 테세우스와 같이 떠났다고 합니다."

"뭐라고? 아리아드네가? 이럴 수가!"

 미노스 왕은 아리아드네에게 그 방법을 알려 준 사람이 다이달로스일 거라고 생각했습니다.
 "다이달로스가 만들었으니 나가는 방법을 알려 준 사람도 다이달로스겠지. 다이달로스와 아들까지 모조리 잡아 와라!"
 그래서 다이달로스와 이카로스는 미노스 왕에게 잡혀갔습니다.

"전하, 사실은 제가 공주님께 알려 드렸습니다."

왕 앞에 끌려온 다이달로스는 침착하게 대답했습니다. 이카로스는 깜짝 놀랐습니다.

'아버지가 내 대신…….'

이카로스의 눈에 눈물이 고였습니다.

미노스 왕은 불같이 화를 내며 소리쳤습니다.

"감히 네가 나를 배신하다니!"

이카로스는 아버지가 혼이 나는 모습을 더는 볼 수 없었습니다.

"전하, 아닙니다. 아리아드네 공주님은 테세우스를 사랑했습니다. 제가 두 사람의 사랑을 위해 알려 줬을 뿐입니다. 저를 벌주시옵소서."

미노스 왕은 두 사람을 *괘씸하게 여긴 나머지 미궁에 가두라고 했습니다.

결국 다이달로스는 자신이 만든 미궁 속에 이카로스와 함께 갇히게 되었습니다.

*괘씸하다 남에게 예절이나 신의에 어긋난 짓을 당하여 분하고 밉살스럽다.

"아버지, 저 때문이에요. 죄송해요."
다이달로스는 이카로스를 다독였습니다.
"괜찮다, 이카로스."
하지만 다이달로스는 점점 깊은 슬픔과 후회에 빠졌습니다.
'미노스 왕을 도와 열심히 일했건만 결국 내가 만든 이곳에서 죽게 되는 것인가?'
다이달로스는 미궁에 갇혀 죽는다고 생각하니 지금까지 살아 온 세월이 후회스러웠습니다.
'미궁을 빠져나간다 해도 미노스 왕이 군사를 쫙 풀어놓아 붙

잡힐 게 뻔해. 정말 이곳에 갇혀 꼼짝없이 죽어야 한단 말인가?'
 다이달로스는 절망에 빠졌습니다.
 하지만 아들 이카로스는 달랐습니다. 어떻게든 미궁에서 빠져나갈 *궁리를 했습니다.

***궁리** 마음속으로 이리저리 따져 깊이 생각함. 또는 그런 생각.

이카로스는 아버지를 졸랐습니다.
"아버지! 이곳을 직접 만드셨으니 빠져나가는 길도 알고 계실 거 아니에요?"
"모른다. 실타래만이 내가 아는 단 한 가지 방법이었어. 무서운 미노타우로스가 없어졌다 해도 여기서 빠져나가는 방법을 모르니 큰일이구나."
"아버지, 이 벽을 타고 나갈 방법은 없을까요?"

이카로스는 날마다 쉬지 않고 여러 가지 방법을 생각했습니다. 미로 벽을 기어오르기도 하고 벽 사이에 틈새가 없나 살펴보기도 했습니다.
　다이달로스도 아들 이카로스가 애쓰는 모습을 보며 차츰 기운을 내기 시작했습니다.

한편 미궁에 갇힌 다이달로스와 이카로스를 찾아 주는 것은 새들뿐이었습니다. 새들은 지붕이 없는 미궁에 자유롭게 들어왔다가 훨훨 다시 날아갔습니다.

어느 날, 이카로스가 새들을 보며 말했습니다.

"저 새들은 참 좋겠어요. 미궁을 자유롭게 들락날락거리잖아요. 저 새처럼 날 수만 있다면 얼마나 좋을까요?"

갑자기 다이달로스의 머릿속에 생각이 휙, 스쳐 지나갔습니다.

"새처럼? 그래, 새처럼 날 수만 있다면 여기서 빠져나갈 수 있어!"

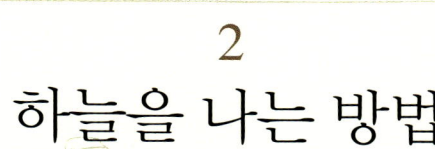

2
하늘을 나는 방법

"세상에 불가능한 일은 없단다.
할 수 없다고 생각하면 정말로 못 하게 돼.
하지만 할 수 있다고 믿으면 정말로 이루어지는 법이지!
사람에게 날개가 없다면 날개를 만들면 되는 거야."

다 이달로스는 벌떡 일어나 두 주먹을 불끈 쥐었습니다.
"그래! 좋은 수가 떠올랐어."
"아버지, 그게 뭔데요?"
"미노스 왕의 손길이 닿지 못하는 곳이 딱 한 군데 있지. 바로 저기 하늘이야."
이카로스는 다이달로스가 가리키는 하늘을 바라보았습니다.
"하늘요? 하지만 사람이 어떻게 하늘을 날아요? 날개가 없는데……."

다이달로스는 아들을 보며 말했습니다.
"이카로스야, 세상에 불가능한 일은 없단다. 할 수 없다고 생각하면 정말로 못 하게 돼. 하지만 할 수 있다고 믿으면 정말로 이루어지는 법이지! 사람에게 날개가 없다면 날개를 만들면 되는 거야."
이카로스는 희망으로 가슴이 벅차올랐습니다.

그날부터 다이달로스는 자신이 가지고 있는 모든 능력을 쏟아 날개를 만들기 시작했습니다.

먼저 여기저기 떨어져 있는 작은 새의 깃털부터 모았습니다. 그리고 새들이 이동하는 길을 관찰하여 미궁 벽에 지어 놓은 둥지를 찾아내기도 했습니다. 한 달이 지나자 깃털이 수북이 쌓였습니다.

"자, 이만하면 충분해. 이제 깃털을 붙여 보자."

"아버지, 그런데 깃털을 무엇으로 붙이죠?"

다이달로스는 손가락으로 벌집을 가리켰습니다.

"저, 벌집을 이용하는 거야."

"벌집요?"

이카로스는 어리둥절했습니다.

"꿀벌은 벌집을 만들 때 몸에서 끈적끈적한 물질을 뽑아낸단다. 그걸 깃털에 붙이면 커다란 날개를 만들 수 있지."

역시 다이달로스는 최고의 발명가다웠습니다.

밀랍

밀랍이란 꿀벌이 벌집을 만들 때 꿀벌의 몸에서 나오는 물질이에요. 누런 빛깔로 딱딱하게 굳는 성질이 있어서 물기를 막는 방수제, 전기가 통하지 않게 하는 절연제, 반들반들 빛이 나게 하는 광택제로 쓰인답니다. 다이달로스는 밀랍이 녹았다가 딱딱하게 굳는 성질을 이용해서 깃털을 단단하게 붙였어요.

　다이달로스는 부채꼴 모양으로 날개 모양을 만들었습니다. 큰 깃털은 실로 잡아매고 작은 깃털은 밀랍으로 꼼꼼히 붙이며 날개를 만들어 갔습니다.

　다이달로스의 손놀림은 그 어느 때보다도 빠르고 정확했습니다. 자유를 얻고 싶고, 살고 싶은 바람이 다이달로스의 의지를 더욱 *북돋웠습니다. 이카로스도 옆에서 열심히 아버지를 도왔습니다. 바람에 날려 간 깃털을 다시 주워 오기도 하고 손으로 날개를 고정시키기도 했습니다.

　다이달로스는 드디어 날개 한 쌍을 완성하고 곧바로 또 하나를 만들기 시작했습니다.

*북돋우다 기운이나 정신 따위를 더욱 높여 주다.

그렇게 며칠이 지났습니다.

"자, 드디어 날개가 완성됐다. 이제 하늘을 나는 연습을 하자꾸나."

이카로스는 고개를 끄덕였습니다. 장난기 많던 이카로스의 얼굴에서 웃음기가 사라지고 굳은 의지가 빛났습니다.

이카로스의 눈은 이렇게 말하는 것 같았습니다.

'아버지! 우리 반드시 이곳을 탈출해서 자유를 찾아요. 저 새들처럼 말이에요.'

다이달로스는 날개를 팔에 매달고 한 번 파닥거려 보았습니다. 그러자 다이달로스의 발이 땅에서 약간 떨어지더니 공중으로 붕 떠올랐습니다. 다이달로스는 좀 더 힘차게 날갯짓을 했습니다. 그러자 몸이 더 높이 날아올랐습니다. 날갯짓을 멈추면 몸이 그대로 하늘에 떠 있었습니다.

이제 이카로스에게도 날갯짓을 알려 줄 때가 왔습니다. 다이달로스는 마치 어미 새가 새끼에게 나는 방법을 가르치듯이 이카로스를 가르쳤습니다.

한 달, 두 달……, 마침내 이카로스도 나는 법을 완전히 익혔습니다.

"아버지, 이제 세상 끝까지 날아갈 수 있을 것 같아요. 믿어지지 않아요. 아버지! 대성공이에요!"

"이카로스야! 마냥 좋아하지 말고 내 말을 잘 들으렴."
다이달로스는 기뻐서 어쩔 줄 모르는 아들을 세워놓고 말했습니다.

새를 보고 비행 장치를 만든 다빈치

하늘을 날고 싶은 인간의 소원은 매우 오래되었어요. 레오나르도 다빈치도 하늘을 나는 꿈을 꾸던 발명가였어요. 새의 날개를 보고 만든 비행 장치에 빙글빙글 돌아가는 날개인 프로펠러까지 달았답니다. 만약 과학이 더 발전한 시대였다면 다빈치는 틀림없이 비행기를 만들었을 거예요.

"하늘을 날면서 가장 조심해야 할 것은 높이를 적당히 지키는 거란다."

다이달로스는 진지한 얼굴로 말을 이었습니다.

"너무 낮게 날면 바다에서 튄 물방울 때문에 날개가 무거워질 거야. 그럼 아래로 떨어지겠지? 또 너무 높게 날면 태양 때문에 날개를 이은 부분이 녹아 버릴 거야. 그러니 너는 꼭 내 옆에 달라붙어서 날아야 한다. 알겠니?"

다이달로스는 이 말을 몇 번이나 했습니다. 하지만 이카로스는 건성으로 고개만 끄덕일 뿐, 빨리 미궁을 빠져나가고 싶을 따름이었습니다.

3
이카로스의 날개

이카로스는 호기심이 생겼습니다.
'더 높이 날아 보는 거야!
저 높은 곳에 신들이 사는 곳이 있을까?
그곳까지 가 보고 싶어!'

"자, 그럼 출발하자! 너 먼저 날아올라라!"

다이달로스가 말했습니다.

이카로스가 힘차게 날갯짓을 하며 공중으로 날아올랐습니다. 뒤를 이어 다이달로스도 훌쩍 날아올랐습니다.

두 사람은 드디어 미궁을 빠져나오는 데 성공했습니다.

"아버지, 사람들이랑 집들이 장난감처럼 보여요!"

아래를 내려다보며 이카로스가 외쳤습니다.

"이카로스야, 너무 높이 올라가지 마라!"

다이달로스가 엄한 표정으로 외쳤습니다.

"하하하. 저 아래 미노스 왕의 병사들 좀 보세요. 따라오지도 못해요."

"그래. 아마 미노스 왕도 무척 분할 거야."

이렇게 두 사람은 하늘을 훨훨 날았습니다.

이카로스에게 충고하는 다이달로스

〈다이달로스와 이카로스〉 안토니 반 다이크

다이달로스가 이카로스에게 날개를 달아 주고 있어요. 다이달로스는 손가락으로 하늘을 가리키며 이카로스의 귀에 대고 끊임없이 다짐을 주는 것 같아요. 하지만 이카로스는 손가락으로 아버지와는 다른 방향을 가리키는 모습이, 날고 싶은 마음만 가득해 아버지 말은 듣지 않는 것 같아요. 호기심 많은 소년의 모습이 잘 나타나 있어요.

"저게 뭐야, 새야? 처음 보는 날짐승이로군."

크레타 섬의 농부들이 일손을 놓고 하늘을 올려다봤습니다.

이카로스는 점점 더 신이 났습니다. 그럴 때마다 날개에 힘이 들어가 몸이 하늘 높이 올라가곤 했습니다.

"이카로스! 내 옆으로 와!"

다이달로스가 소리쳤습니다.

미궁은 점점 멀어졌습니다. 하늘에서 보니 거대한 미궁도 보잘 것없는 점 하나로 보였습니다.

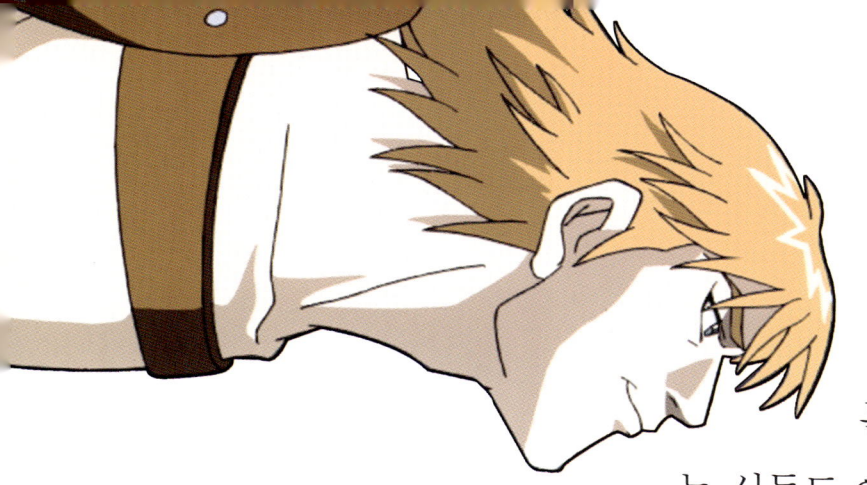

"높은 데서 보니 인간 세상이 점점 우스워 보이는걸. 만날 이 모습을 보는 신들도 이런 기분이겠구나."

이카로스는 자신이 신과 비슷한 위치에 있다고 생각하니 기분이 우쭐했습니다. 마음속에서 더 높이 날고 싶다는 생각이 꿈틀댔습니다. 그럴 때마다 다이달로스는 아들의 마음을 알아채고 이렇게 말했습니다.

"이카로스! 정신 차려. 너무 높게 날지 말래도!"

　어느새 두 사람은 크레타 섬을 벗어나 바다 위를 날고 있었습니다. 다이달로스는 피로와 졸음이 함께 몰려왔습니다. 다이달로스가 꾸벅꾸벅 졸면서 나는 사이 이카로스는 아버지 눈을 피해 조금씩 위로 날았습니다. 올라갈수록 기분이 더 좋았습니다.

　'조금만 더 올라가 볼까?'

　이카로스는 호기심이 생겼습니다.

　'더 높이 날아 보는 거야! 저 높은 곳에 신들이 사는 곳이 있을까? 그곳까지 가 보고 싶어!'

　어느새 이카로스는 아버지와 떨어져 혼자 구름을 뚫고 날고 있

었습니다. 이카로스는 처음 보는 구름 위 경치를 구경하느라 정신이 쏙 빠져 있었습니다.

'우아, 신들은 이런 곳에서 살고 있구나!'

얼마나 높이 올라갔을까요? 이카로스는 갑자기 온몸이 뜨거워지는 것을 느꼈습니다. 태양에 너무 가깝게 날고 있었던 것입니다.

"앗, 뜨거워!"

고개를 드는 순간, 이카로스는 눈부신 햇빛에 눈을 뜰 수가 없었습니다.

"아버지!"

이카로스는 소리치며 태양에서 멀어지려고 했지만 때는 이미 늦었습니다. 깃털을 붙인 밀랍이 햇볕에 녹아내리고 있었습니다.

이카로스는 아래로 *곤두박질쳤습니다. 이카로스의 비명에 화들짝 잠이 깬 다이달로스가 아들을 찾아 날아왔습니다. 하지만 이카로스는 바닷속으로 떨어지고 말았습니다.

"이카로스야, 내 아들! 어디 있니?"

다이달로스는 아들의 이름을 부르고 또 불렀지만 아무런 대답도 들을 수 없었습니다.

*곤두박질치다 몸을 번드쳐 갑자기 거꾸로 내리박히다.

이카로스의 추락

〈추락하는 이카로스가 있는 풍경〉 피터르 브뤼헐

이카로스의 추락을 그린 이 그림은 무척 독특해요. 주인공 이카로스는 오른쪽 아래 배 가까이 바닷속으로 곤두박질친 다리밖에 보이지 않아요. 쟁기질을 하는 농부는 별 대수롭지 않다는 듯 묵묵히 일만 하지요. 화가는 인간의 헛된 욕심을 대표하는 이카로스보다는 농부를 통해 지금 내 눈앞의 일을 더 열심히 하자는 말을 하고 있는 것 같아요.

　바다 가까이 내려오자 다이달로스의 날개도 바닷물을 머금어 점점 무거워졌습니다. 다이달로스는 어쩔 수 없이 다시 하늘로 날아올라야 했습니다.

　그때 아득히 먼 곳에서 새 한 마리가 '키릿키릿' 비웃는 것 같은 소리로 울었습니다. 그것은 죽은 조카 탈로스가 변해서 된 자고새였습니다. 다이달로스는 자신이 벌을 받은 것인지도 모른다는 생각이 들었습니다. 신들은 다이달로스가 탈로스를 죽게 만들었다는 것을 알고 아들 이카로스를 데려간 것입니다.

　다이달로스는 고통 속에서 하늘을 날 수밖에 없었습니다.

4
시칠리아 섬의 다이달로스

다이달로스가 도착한 그곳은 시칠리아 섬이었습니다.
"나는 시칠리아 섬의 코카로스 왕일세.
이곳에서 우리와 함께 지내며 마음껏 발명을 하게나."

며칠 동안 아들을 찾아 헤매던 다이달로스는 바다 위에 둥둥 떠 있는 깃털들을 보았습니다.

바다에서 이카로스를 건져 낸 다이달로스는 아들의 몸을 껴안고 밤새도록 울었습니다. 훗날 세상 사람들은 이카로스가 떨어진 이 바다를 '이카로스 해'라고 불렀습니다.

다이달로스는 슬픔에 싸인 채 죽은 이카로스를 볕이 잘 드는 곳에 묻었습니다. 다이달로스는 몇 날 며칠 잠도 자지 않고 먹지도 않았습니다. 다이달로스는 아들을 묻은 곳을 뒤로 한 채 다시 길을 떠났습니다. 사람들은 이카로스를 묻은 섬을 '이카리아 섬'이라고 불렀습니다.

이카로스의 죽음

〈이카로스의 죽음을 슬퍼함〉 허버트 제임스 드레이퍼

죽음을 맞이한 이카로스의 모습이에요. 바다의 님프들이 이카로스의 곁에서 그의 죽음을 슬퍼하고 있어요. 신비로운 색깔과 거대한 날개가 신기한 분위기를 자아내요.

 다이달로스는 희망 없이 이곳저곳을 날았습니다. 살고 싶지도 않고, 죽음도 두렵지 않았습니다.
 '이카로스도 없는 이 세상! 이제 살고 싶은 마음도 없구나.'
 그때 멀리 연기를 내뿜는 산이 보였습니다. 다이달로스는 그곳으로 날아갔습니다. 다이달로스는 더 이상 날고 싶지 않았습니다.
 '이 모든 게 살려고 욕심 부리며 날개를 만든 탓이야.'
 다이달로스는 날개를 벗어 불에 태워 버리고는 깊은 잠에 빠졌습니다.
 다이달로스가 도착한 그곳은 시칠리아 섬이었습니다.

다이달로스의 이름은 그곳에도 널리 퍼져 있었습니다. 시칠리아 섬의 코카로스 왕은 다이달로스를 알아보고 정신을 잃은 그를 정성껏 보살펴 주었습니다.

꽤 오래 앓던 다이달로스는 어느 날 눈을 떴습니다.

"다이달로스, 이제 정신이 좀 드는가?"

"당신은 누구십니까?"

"나는 시칠리아 섬의 코카로스 왕일세. 이곳에서 우리와 함께 지내며 마음껏 발명을 하게나."

다이달로스는 시칠리아 섬에 머물기로 했습니다.

다음 날부터 다이달로스는 열심히 발명을 했습니다. 죽은 아들을 위해서라도 더 열심히 살기로 마음먹었습니다.

다이달로스는 여러 갈래의 냇물을 끌어모은 다음, 호수로 흘러가게 했습니다. 그 물은 거대한 강을 이루었다가 폭포로 쏟아져 내렸습니다. 덕분에 시칠리아 섬 사람들은 물 걱정 없이 살 수 있었습니다. 또 불을 토하는 산의 뜨거운 열도 그냥 버려두지 않았습니다. 뜨겁고 축축한 공기를 동굴 속으로 흐르게 했습니다. 동굴 안에 들어가면 오랫동안 낫지 않던 피부병이 나았고, 기운이 없던 사람들은 기운을 차렸습니다.

"다이달로스는 정말 대단해! 몇 년 동안 성가셨던 부스럼이 싹 없어졌어."

"그뿐이야? 이제 물 걱정 없이 농사를 지을 수 있게 됐어."

시칠리아 사람들은 다이달로스를 칭찬했습니다. 다이달로스도 그곳이 싫지 않았습니다.

5
미노스 왕의 최후

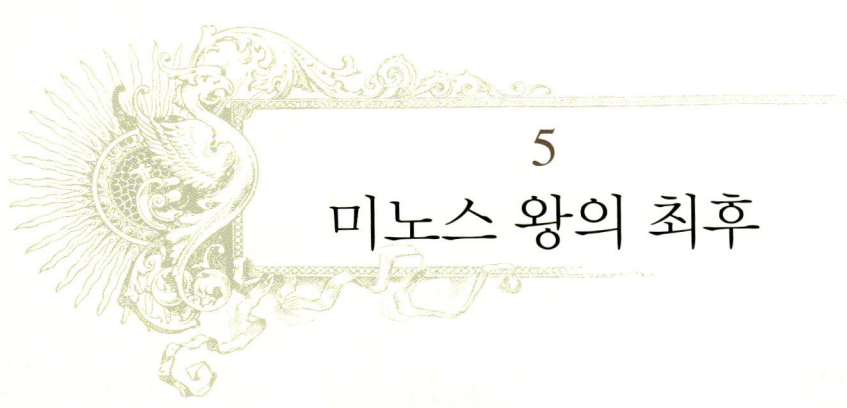

"다이달로스가 시칠리아 섬에 숨어 있는 게 분명하다!
여봐라, 배를 준비하라.
시칠리아 섬으로 가서 다이달로스를 잡아 오자!"

한편 크레타 섬의 미노스 왕은 다이달로스를 미워하는 마음이 사그라지지 않았습니다. 다이달로스를 잡으려고 갖은 방법을 다 썼습니다.

"분명히 어딘가에 숨어 지내고 있을 텐데. 아직도 그 녀석을 못 잡았단 말이냐?"

미노스 왕에게 좋은 수가 떠올랐습니다.

"여봐라. 소라 껍데기에 실을 꿰는 사람이 있다면 금 한 자루를 내리겠다고 세상에 알려라."

　미노스 왕은 곧 다이달로스가 있는 곳을 알아낼 수 있을 것이라고 기대했습니다. 그 문제를 풀 수 있는 사람은 이 세상에 단 한 사람, 다이달로스뿐이라고 생각했기 때문입니다.

　사람들은 너도나도 그 문제를 풀겠다고 나섰습니다. 하지만 뱅글뱅글 꼬여 있는 소라 껍데기 속에 실을 통과시키기란 여간 어려운 일이 아니었습니다.

이 소문은 곧 시칠리아 섬의 코카로스 왕에게까지 알려졌습니다.
"다이달로스, 소라 껍데기 속에 실을 통과시키는 문제를 풀 수 있겠나?"
"예, 물론입니다, 전하."
"어떻게 한단 말인가?"
코카로스 왕이 궁금하다는 듯 다이달로스를 재촉했습니다.

"소라 껍데기에는 구멍이 뚫려 있습니다. 거기에 벌꿀을 묻히는 겁니다. 그리고 개미의 몸에 실을 묶은 다음, 반대쪽 구멍에다 개미를 집어넣습니다. 그럼 개미는 벌꿀을 찾아 빙빙 돌며 기어가겠지요. 결국 맞은편 구멍으로 개미가 나오면 실도 함께 딸려 나오게 되는 겁니다."

"자네는 정말 대단한 발명가야."

코카로스 왕은 크게 기뻐하며 신하를 미노스 왕에게 보냈습니다.

코카로스 왕의 신하가 크레타 섬에 도착해 문제의 답을 말했습니다. 미노스 왕은 드디어 올 것이 왔다고 생각했습니다.

"대체 누가 이 문제를 풀었나?"

"시칠리아 섬의 코카로스 왕입니다."

신하가 대답했습니다.

"다이달로스가 시칠리아 섬에 숨어 있는 게 분명하다! 여봐라, 배를 준비하라. 시칠리아 섬으로 가서 다이달로스를 잡아 오자!"

미노스 왕은 직접 군사를 이끌고 시칠리아 섬으로 싸우러 떠났습니다.

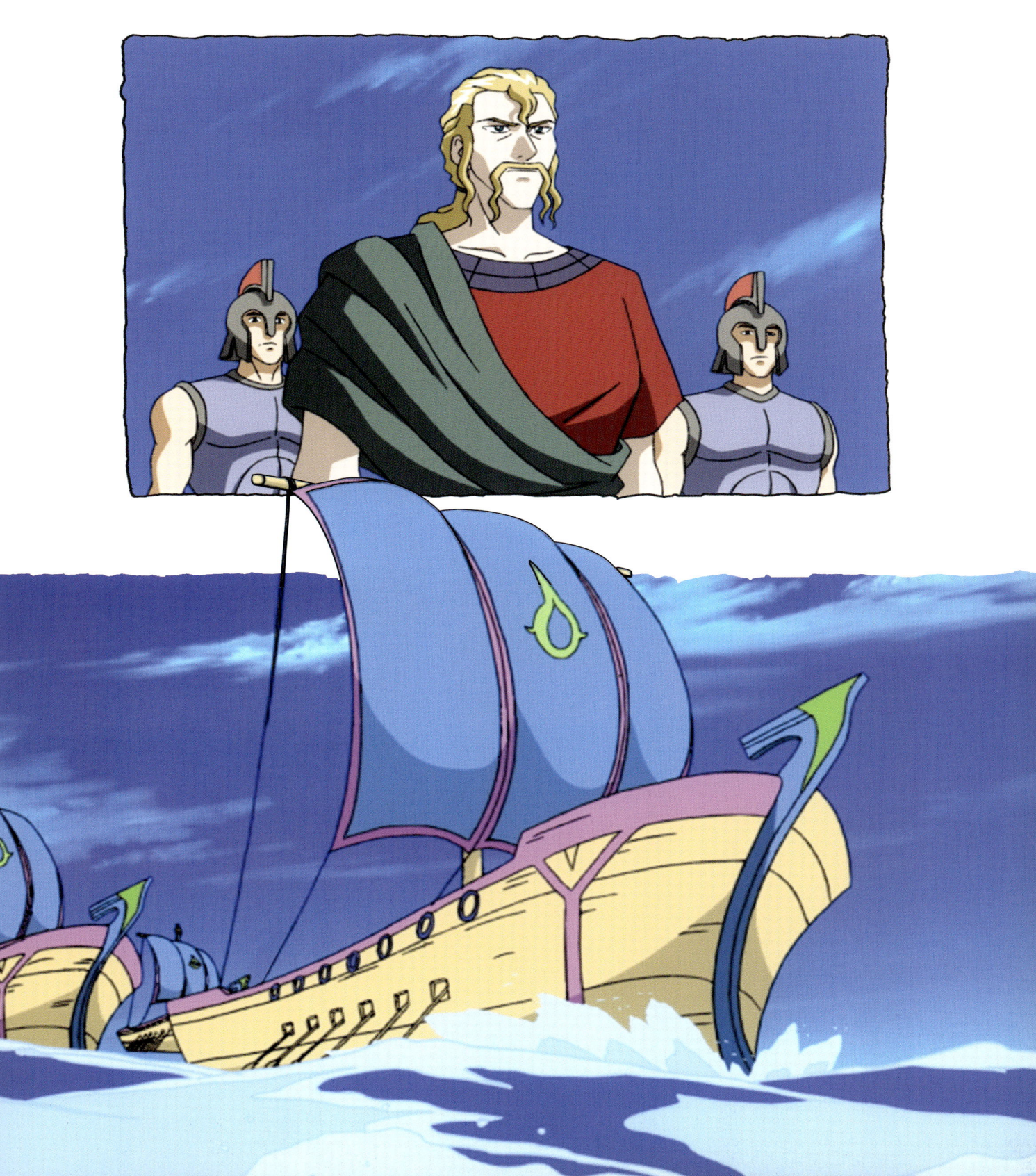

시칠리아 섬의 코카로스 왕은 군사들을 이끌고 오는 미노스 왕의 배를 보며 말했습니다.

"미노스 왕이 쳐들어오다니! 나를 너무 쉽게 여겼군. 여봐라, 저 배들을 당장 공격하라!"

코카로스 왕이 소리쳤습니다.

코카로스 왕의 군사들도 열심히 싸웠지만 미노스 왕이 워낙 많은 군사들을 데려왔기 때문에 점점 싸움에서 밀렸습니다.

"안 되겠군. 다이달로스에게 도와 달라고 해야겠어."

다이달로스는 꾀를 냈습니다. 시칠리아가 전쟁에서 진 것처럼 해서 미노스 왕을 안심시킨 다음, 잔치를 열어 주었습니다. 그러

고는 미노스 왕을 동굴로 데려갔습니다. 다이달로스는 미노스 왕이 동굴에 들어가자 밖에서 동굴을 막아 버렸습니다. 미노스 왕은 동굴 속 뜨거운 김에 숨이 막혀 죽고 말았습니다.

고대 그리스 로마 시대의 목욕 문화

고대 그리스 사람들은 목욕을 좋아했어요. 그 당시 그릇에 새겨진 그림을 보면 목욕하는 장면이 자주 발견된답니다. 고대 그리스 사람들은 몸을 청결히 하는 것을 중요하게 생각했어요. 그러나 목욕 문화가 가장 발달한 때는 더 훗날인 로마 시대였답니다. 곳곳에 목욕탕을 만들어 즐겼지요.

시칠리아 섬에는 다시 평화가 찾아왔습니다. 다이달로스는 계속해서 발명을 했습니다. 공예가를 키우는 학교를 세우고 이름난 조각가와 건축가도 길렀습니다.

노인이 된 다이달로스는 동네 아이들에게 장난감을 만들어 주면서 조용히 지냈습니다. 아이들과 즐겁게 지내면 지낼수록 죽은 이카로스가 더욱 그리웠습니다. 조카 탈로스에게 미안한 마음도 지울 수 없었습니다.

다이달로스는 쓸쓸히 그리고 조용히 시칠리아 섬에서 숨을 거두었습니다. 시칠리아 섬 사람들은 다이달로스의 죽음을 무척 슬퍼했고, 코카로스 왕도 오래오래 다이달로스를 그리워했습니다.

뛰어난 발명으로 사람들에게 행복도 주었지만 그만큼 불행도 겪었던 다이달로스는, 그렇게 여러 사람들의 가슴에 남게 되었답니다.

그리스 아이들은 어떻게 살았을까요?

고대 그리스 어린이에게는 별다른 장난감이 없었어요. 귀족 남자아이들은 노예를 데리고 학교에 다녔지만, 여자아이들은 학교에도 가지 못 했지요. 그래서 집에서 실을 잣고 옷감 짜는 법을 배웠어요. 옛날 그리스에서는 어떤 옷이든 손으로 만들어 입었기 때문에 여자아이들은 옷감 다루는 법을 꼭 배워야 했어요.

신화 속 이카로스는 인간의 끊임없는 호기심, 욕심 등을 대표하는 인물입니다. 인간이 갖추어야 할 덕목인 겸손을 잊고 감히 신들이 사는 곳에 가까이 가려고 하다 결국 죽음에 이르게 됩니다.

훗날 사람들은 욕심 많은 인간이 벌을 받는 것을 일컬어 '이카로스의 날개'라고 부른답니다.

하지만 호기심이 과연 나쁜 것일까요? 인간의 호기심은 새로운 것을 탐구하게 했고 그것 때문에 과학과 기술과 문화가 발달했습니다. 인간의 호기심은 위험한 결과를 낳기도 했지만 결국 많은 발전의 토대가 되기도 했습니다.

콜럼버스는 위험을 무릅쓰고 새로운 세상을 향해 여행하면서 유럽에 알려지지 않았던 아메리카 대륙을 발견했고, 다빈치는 사람들의 비웃음을 사고 실패를 거듭하면서도 여러 가지 실험을 통해 새로운 발명을 했습니다. 이런 여러 사람들의 노력은 수학, 과학, 의술, 예술 등의 발전으로 이어져 지금 우리가 편리한

생활을 누리도록 해 주었습니다.

　인간이 자유를 찾고 새로운 것을 찾으려고 노력하는 것은 살아 있다는 증거입니다. 다만 신화는 이렇게 이야기합니다. 그러한 노력들이 자신만을 위한 욕심이나 헛된 꿈을 채우려는 것이라면 이카로스가 태양 가까이 간 것만큼 위험한 일이라고 말입니다.

　지금 하고 있는 나의 작은 행동이 과연 여러 사람에게도 좋은 영향을 미치는 것인지 항상 되새겨 봅시다. 우쭐대지 않고 좀 더 겸손한 태도와 지나치지 않은 호기심으로 세상을 아름답게 만들어 보자고 신화는 이야기합니다.

올림포스 신들의 계보

⚜ 그리스 로마 신화 주요 인물의 이름 ⚜

그리스 어	로마 어	영어
가이아	텔루스	
니케	빅토리아	나이키, 빅토리
데메테르	케레스	세레스
디오니소스	바쿠스	바커스
레아	키벨레	시벨레
아레스	마르스	마스
아르테미스	디아나	다이애나
아테나	아테네, 미네르바	
아폴론	아폴로	아폴로
아프로디테	베누스	비너스
에로스	쿠피드, 아모르	큐피드
오디세우스	울릭세스	율리시스
우라노스	카일루스	유러너스
제우스	유피테르	주피터
크로노스	사투르누스	새턴
페르세포네	프로세르피나	
포세이돈	넵투누스	넵튠
하데스	플루톤	플루토
헤라	유노	주노
헤라클레스	헤르쿨레스	허큘리스
헤르메스	메르쿠리우스	머큐리
헤스티아	베스타	
헤파이스토스	불카누스	벌컨

그리스 로마 신화 올림포스 가디언 24
새처럼 날고 싶었던 이카로스

펴낸이 양원석
펴낸곳 (주)알에이치코리아
등록 2004년 1월 15일 제2-3726호
주소 서울특별시 금천구 가산디지털2로 53, 20층 (한라시그마밸리)
문의전화 02)6443-8800

ISBN 978-89-255-4424-3(74800)
ISBN 978-89-255-4354-3(세트)

값 12,800원

애니메이션 및 캐릭터 저작권 ⓒ SBS, SBS콘텐츠허브, 가나미디어, 동우애니메이션
출판 저작권 ⓒ ㈜알에이치코리아
원작 만화로 보는 그리스 로마 신화(가나출판사)
이광진 엮음, 홍은영 그림
명화 구입처 유로크레온(주)

※잘못된 책은 구입하신 곳에서 바꾸어 드립니다.
※책 모서리가 날카로워 다칠 수 있으니 사람을 향해 던지거나 떨어뜨리지 마십시오.

알에이치코리아 홈페이지와 카페, SNS로 들어오시면 자사 도서에 대한 더 많은 정보와 다양한 이벤트 혜택을 확인할 수 있으며,
E-book몰에서는 전자북으로도 만나볼 수 있습니다.

주니어RHK 홈페이지 http://jrrhk.com | **E-book몰(RHK북스)** http://ebook.rhk.co.kr | **북카페** http://cafe.naver.com/randomhousekorea
페이스북 https://www.facebook.com/rhk.co.kr | **트위터** @randomhouse_kr | **유튜브** http://www.youtube.com/randomhousekorea